Maximilian Riepenhof

Der spanischsprachige Wirtschaftsraum als Markt für die Sportbranche

Eine kritische Analyse unter besonderer Berücksichtigung ausgewählter wirtschaftsgeographischer Aspekte

GRIN Verlag

Bibliografische Information der Deutschen Nationalbibliothek:

Die Deutsche Bibliothek verzeichnet diese Publikation in der Deutschen National-
bibliografie; detaillierte bibliografische Daten sind im Internet über http://dnb.d-
nb.de/ abrufbar.

Impressum:

Copyright © 2013 GRIN Verlag GmbH
Druck und Bindung: Books on Demand GmbH, Norderstedt Germany
ISBN: 978-3-656-64782-9

Dieses Buch bei GRIN:

http://www.grin.com/de/e-book/272669/der-spanischsprachige-wirtschaftsraum-als-
markt-fuer-die-sportbranche

GRIN - Your knowledge has value

Der GRIN Verlag publiziert seit 1998 wissenschaftliche Arbeiten von Studenten, Hochschullehrern und anderen Akademikern als eBook und gedrucktes Buch. Die Verlagswebsite www.grin.com ist die ideale Plattform zur Veröffentlichung von Hausarbeiten, Abschlussarbeiten, wissenschaftlichen Aufsätzen, Dissertationen und Fachbüchern.

Besuchen Sie uns im Internet:

http://www.grin.com/

http://www.facebook.com/grincom

http://www.twitter.com/grin_com

Praxisarbeit

„Der spanischsprachige Wirtschaftsraum als Markt für die Sportbranche – eine kritische Analyse unter besonderer Berücksichtigung ausgewählter wirtschaftsgeographischer Aspekte"

Name des Verfassers: Maximilian Riepenhof

Studiengang: Betriebswirtschaftslehre
Fachrichtung: Sportmanagement
Fachsemester: Semester 3

Tag der Abgabe   10.10.2013

Inhaltsverzeichnis

Abbildungs- und Tabellenverzeichnis

1 Problemstellung

In der folgenden Arbeit soll geklärt werden, inwieweit ausgewählte wirtschaftsgeographische Aspekte eine Rolle für die Sportbranche im spanischsprachigen Wirtschaftsraum spielen. Am Beispiel von Spanien soll dieser Frage, nachdem zunächst die allgemeinen Aspekte der Fragestellung thematisiert worden sind, auf den Grund gegangen werden.

Nufer und Bühler weisen in ihrem Buch darauf hin, dass „der Sport im Laufe des 20. und 21. Jahrhunderts zu einem weltweit bedeuteten Wirtschaftsfaktor geworden ist."[1] Die Kommerzialisierung und Professionalisierung schreitet in der Sportbranche in den vergangenen Jahren deutlich voran. Dies gilt nicht nur für den deutschen, sondern auch für den europäischen Markt.[2]

Um die derzeitige Situation auf dem spanischen Markt zu betrachten, wird in der Arbeit auch auf die aktuelle wirtschaftliche Situation in Spanien eingegangen. Die Südeuropäer haben derzeit mit den nachfolgen einer Finanzkrise zu kämpfen, wodurch die Situation der Sportbranche erheblich beeinflusst wird.

Es ergibt sich dadurch folgenden Forschungsfrage: „Wie wird die Sportbranche durch die Krise und durch ausgewählte Standortfaktoren beeinflusst?"

2 Überblick und Definitionen

2.1 Wirtschaftsgeographie

Die Wirtschaftsgeographie, als Teil der Humangeographie, ist eine sehr dynamische Wissenschaft, in der ständig Erkenntnisfortschritte folgen und sich neue Perspektiven öffnen.[3]

Beginnend bereits im späten 15. Jahrhundert mit dem Bestreben der Weltentdeckung und dem Anfang der Kolonialisierung, dokumentierten Geographen Entdeckungen und Erkenntnisse ferner Erdregionen und Kulturen.[4] Diese Aufzeichnungen bestanden bis ins 19. Jahrhundert hinein aus länderkundlichen Beschreibungen und der Dokumentation des Wissens über Räume. Einhergehend

---

[1] Nufer/Bühler (2010), S. 4.

[2] Vgl. Nufer/Bühler (2010), S. 5.

[3] Vgl. Bathelt/Glückler (2012), S. 14.

[4] Vgl. Bathelt/Glückler (2012), S. 28.

mit der industriellen Revolution wandelte sich die ländlich-agrarisch geprägte Gesellschaft zu einer städtisch-industriellen Gesellschaft, deren wirtschaftliches Interesse zur Herausbildung einer Produktenkunde und einer Welthandelsgeographie führte, die die räumliche Verteilung von landwirtschaftlichen Produkten und Rohstoffen sowie des internationalen Warenhandels dokumentierten.[5] In der ersten Hälfte des 20. Jahrhunderts erklärte man die Merkmale der durch den wirtschaftenden Menschen gestalteten Raumeinheiten durch natürliche und gesellschaftliche bzw. soziale Einflüsse. Des Weiteren entstanden erste modelltheoretische Ansätze, die ökonomische Einflussfaktoren auf räumliche Strukturen identifizierten.[6] Ein Paradigmenwechsel hin zur Wirtschaftsgeographie als Raumwirtschaftslehre prägte die 1960er Jahre. Diese sogenannte „Quantitative Revolution" steht für den Einsatz quantitativer Methoden bei räumlichen Analysen sowie für eine ökonomisch ausgerichtete Theoriebildung im Gegensatz zu rein beschreibenden Modellen.[7] Im besonderen Fokus stand zu dieser Zeit der raumwirtschaftliche Ansatz, der eine ökonomische Erklärung der räumlichen Ordnung und Organisation der Wirtschaft anstrebte.[8] Seit dem Beginn des 21. Jahrhunderts entwickelt sich eine „neue Wirtschaftsgeographie" in der kulturelle, soziale, gesellschaftliche und politische Rahmenbedingungen sowie die Einbettung der Akteure (z.B. Individuen, Unternehmen, Organisationen, Politiker) in dieses Umfeld besonders berücksichtigt werden. Es entsteht ein handlungs- und akteurszentrierter Ansatz, der das Handeln und die Vernetzung der Akteure als Ursache für räumliche Strukturen und Formationen beschreibt.[9] Diesen Ansatz aufgreifend entwickelt sich außerdem eine „relationale Wirtschaftsgeographie", der „... die in räumlicher Perspektive beobachtbare Struktur und Dynamik ökonomischer Beziehungen..."[10] zugrunde liegt.

2.2 Wirtschaftsraum

Begrifflich auf Theodor Kraus (1933) zurückgehend, ist ein Wirtschaftsraum ein „durch menschliche Aktivitäten organisierte[r] und gestaltete[r[Erdraum, bzw. Landschaftsausschnitt, welcher durch bestimmte sozioökonomische Struktur-

---

[5] Vgl. Kulke (2007), S. 12.

[6] Vgl. Kulke (2007), S. 14.

[7] Vgl. Haas/Neumair (2007), S. 4.

[8] Vgl. Liefner/Schätzl (2012), S. 12.

[9] Vgl. Haas/Neumair (2007), S. 5.

[10] Bathelt/Glückler (2012), S. 44.

merkmale und funktionale Verflechtungen charakterisiert und abgegrenzt ist. Ein Wirtschaftsraum hebt sich durch seine individuelle Struktur von den ihn umgebenden Wirtschaftsräumen ab."[11]

2.3 Standort

Unter einem Standort versteht man einen vom Menschen ausgewählten Platz, der einer bestimmten Nutzung dienen soll. In der Wirtschaftsgeographie handelt es sich um den geographischen Ort der Wertschöpfungskette, der sich durch die dort vorherrschenden sozialen, ökonomischen, kulturellen, politischen und ökologischen Gegebenheiten auszeichnet.[12]

2.4 Gliederung der Wirtschaftsgeographie

Die Wirtschaftsgeographie lässt sich in eine einzelwirtschaftliche, mikroökonomi5 66sche Ebene und eine gesamtwirtschaftliche Ebene gliedern. Der einzelwirtschaftliche Ansatz betrachtet die Standorte der Wirtschaftssektoren Landwirtschaft, Dienstleistung und Industrie sowie deren Gesamtverteilung im Raum, woraus sich ein Standortsystem ergibt.[13] Der gesamtwirtschaftliche Ansatz betrachtet auf makroökonomischer Ebene die gesamten wirtschaftlichen Aktivitäten in verschiedenen Räumen oder Raumsystemen innerhalb einer Gebietseinheit.[14]

Innerhalb der Sektoren orientiert sich die wissenschaftliche Betrachtung an dem zuvor beschriebenen raumwirtschaftlichen Ansatz unter Berücksichtigung einflussnehmender Akteursgruppen. Daraus resultierend können beispielsweise theoretische Erklärungen der Standortwahl von Industrieunternehmen oder Gestaltungsempfehlungen für die räumliche Landwirtschaftspolitik abgegeben werden. Außerdem kann das räumliche Nachfrageverhalten nach Dienstleistungen empirisch gemessen werden.[15]

---

[11] Haas/Neumair (2007), S. 11.

[12] Vgl. Haas/Neumair (2007), S. 12.

[13] Vgl. Kulke (2007), S. 17.

[14] Vgl. Kulke (2007), S. 19.

[15] Vgl. Kulke (2007), S. 18.

3 Standortanalyse und Standortfaktoren

Aufgabe der Standortanalyse ist es, die Stärken und Schwächen eines Unternehmens herauszuarbeiten und den Standort auf die relevanten Markt-, Umfeld-, und Wettbewerbsbedingungen zu prüfen. Hierbei werden anhand sogenannter Standortfaktoren besonders Standortressourcen kritisch überprüft, Chancen auf Wettbewerbsvorteile identifiziert und das Nutzungspotenzial des Standortes analysiert.[16]

Standortspezifische Bedingungen und Einflüsse, die sich positiv oder negativ auf die Entwicklung eines Betriebes auswirken, werden als Standortfaktoren bezeichnet. Sie haben also maßgeblichen Einfluss auf den langfristigen Erfolg eines Betriebes und sind somit entscheidend für die Standortwahl.[17]

Man unterscheidet zwischen harten und weichen Standortfaktoren. Das Verhältnis zwischen ihnen ist für die Standortqualität einer Region von besonderer Bedeutung.[18]

Während sich harte Standortfaktoren wie Infrastruktur oder Verfügbarkeit von Arbeitskräften oder Rohstoffen direkt auf die Kosten und Erlöse eines Unternehmens auswirken, lassen sich weiche Standortfaktoren nicht monetär begründen. Je nach Unternehmenstyp stellen weiche Standortfaktoren subjektive Präferenzen dar, wie beispielsweise das Image einer Region oder die Mentalität der Arbeitnehmer. Aus Sicht der Arbeitskräfte sind Faktoren wie die Qualität der Umwelt oder das Wohn- und Freizeitangebot von großer Bedeutung.[19]

Abbildung 1 zeigt diverse harte und weiche Standortfaktoren und macht deutlich, dass diese zwar wichtig für die Standortentscheidung eines Unternehmens, dennoch teilweise schwer messbar und voneinander zu differenzieren sind.

---

[16] Vgl. Balderjahn (2000), S. 75.

[17] Vgl. Haas/Neumair (2007), S. 13.

[18] Vgl. Haas/Neumair (2007), S. 16.

[19] Vgl. Haas/Neumair (2007), S. 416.

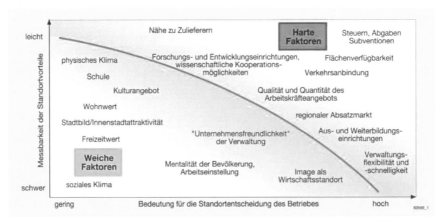

Abbildung 1: Harte und weiche Standortfaktoren (Brems (2013))

4 Der spanischsprachige Wirtschaftsraum

Der spanischsprachige Wirtschaftsraum weißt in Bezug auf seine Entwicklung eine starke Heterogenität auf. Während Mexiko und die Länder Zentral- und Mittelamerikas zu den Entwicklungsländern zählen, ist das Mitglied der Europäischen Union, Spanien, ein entwickeltes Industrieland.

Der sogenannte Human Development Index (HDI) misst den Entwicklungsstand aller Länder anhand drei grundlegender Dimensionen menschlicher Entwicklung: Lebenserwartung, Bildung und Lebensstandard. Nachfolgende Tabelle soll die Heterogenität der spanischsprachigen Länder anhand des HDI verdeutlichen.[20]

Land	HDI	Land	HDI
Spanien	23	Jamaika / Brasilien	85
Barbados	38	Ecuador	89
Chile	40	Kolumbien	91
Argentinien	45	Dominikanische Republik / Belize	96
Bahamas	49	Suriname	105
Uruguay	51	El Salvador	107
Panama / Kuba	59	Bolivien	108
Mexiko	61	Paraguay	111

---

[20] Vgl. Human-Development-Report-Office: International Human Development Indicators, 2013.

6

Costa Rica	62	Guayana	118
Trinidad-Tobago	67	Honduras	120
Venezuela	71	Nicaragua	129
Peru	77	Guatemala	133

Tabelle 1: Human Development Index der spanischsprachigen Länder

Der Internationale Währungsfonds hat die Länder Lateinamerikas in Bezug auf deren Wirtschaft in Gruppen gegliedert. Während die Länder Brasilien, Chile, Kolumbien, Mexiko, Peru und Uruguay als Volkswirtschaften mit integriertem Finanzsektor gelten, ist das Währungsrisiko in den Ländern Zentralamerikas sehr hoch. Die karibischen Länder Belize, Guyana, Suriname, Trinidad und Tobago, sowie Argentinien, Bolivien, Ecuador, Paraguay und Venezuela zählen zu den Rohstoff exportorientierten Ländern. Die meisten Inseln der Karibik sind sehr abhängig vom Tourismus und somit auch von internationalen Krisen.[21]

5 Standortanalyse am Beispiel Spanien

5.1 Wirtschaftliche Situation in Spanien

Die Lage in dem flächenmäßig drittgrößten Land Europas hat sich seit 2008 dramatisch zugespitzt. Zu Zeiten der Euroeinführung konnte das Land in den Bereichen Wirtschaftswachstum, Inflationsrate, Staatsverschuldung und Haushaltsdefizit teilweise bessere Zahlen als Deutschland vorweisen. Ein Jahrzehnt später ist das Land auf den europäischen Rettungsschirm angewiesen.[22]

Hauptgrund für die Schieflage des Landeshaushalts ist das Platzen der Immobilienblase im Jahre 2008. Spanien investierte zum Anfang des neuen Jahrtausends in die Baubranche. In den Hochzeiten entstanden jährlich mehr Wohnungen als in Deutschland, England und Frankreich zusammen. Durch die Preissteigerungen der Immobilien galten diese als eine hervorragende Geldanlage. Der Staat freute sich über eine Rekordbeschäftigung und Milliardenzuwächse bei den Immobiliensteuern.[23]

---

[21] Vgl. Juan (2013).
[22] Vgl. Klinger (2012).
[23] Vgl. Klinger (2012).

Das Problem bestand darin, dass sich die Bevölkerung für den Kauf von Eigenheimen massiv verschuldete. Zwischen 2001 und 2008 stieg die Verschuldung auf 200 Prozent des Bruttoinlandsproduktes an.[24]Durch das Platzen der Immobilienblase verloren die Häuser deutlich an Wert. Es entstand ein Dominoeffekt, der darin bestand, dass die Spanier ihre Kredite nicht mehr finanzieren konnten. Für weiteren Konsum bestand kein Spielraum, weshalb die Firmen mit Massenentlassungen reagieren mussten. Durch das Ausbleiben der Kreditrückzahlungen konnten auch die Banken ihrerseits ihre Schulden bei anderen Kreditinstituten nicht mehr begleichen. Der Staat büßte Milliarden an Steuereinnahmen ein und musste auf der anderen Seite Mehrausgaben für Arbeitslosenhilfe aufbringen.

5.2 Wirtschaftsgeographische Aspekte

Im Vorlauf wurde zwischen den weichen und harten Standortfaktoren unterschieden. Auf diese unterschiedlichen Aspekte soll bei der Analyse des Standortes Spanien das Hauptaugenmerk gelegt werden. Natürlich spielt die aktuelle wirtschaftliche Situation Spaniens hierbei eine gewichtige Rolle.

Ein in der Abbildung 1 genannter harter Faktor ist der Aspekt der Infrastruktur. Für zum Beispiel einen Profiverein, der in die Sportbranche einzugliedern ist, hat die Infrastruktur einen hohen Stellenwert. Das Stadion oder die Sporthalle ist für den Verein der Ort der Leistungserstellung. Je besser die Situation an diesem Ort ist, desto früher nehmen die Nachfrager das Angebot in Anspruch. Für einen Fußballverein bedeutet das, je besser die Infrastruktur des Stadions und die Verkehrssituation in der Umgebung ist, desto höher ist das Zuschaueraufkommen, wodurch der Verein höhere Einnahmen generieren kann. Durch die Krise werden die Investitionen durch den Staat in die Infrastruktur reduziert. Die Vereine haben in der Krise die Aufgabe, den Standort auch ohne große Subventionen durch den Staat so attraktiv wie möglich zu gestalten.

Ein anderer Bereich in dem Subventionen durch den Staat ausbleiben, ist die Förderung der Bildung. Zum einen wird dadurch das Studieren teurer, wodurch auch im Bereich des Sports weniger Abschlüsse erzielt werden und die Unternehmen der Sportbranche weniger Absolventen für Einstellungen zur Verfügung haben. Auf der anderen Seite leiden auch die Profivereine, da die Zuschüsse für Sportinternate verkürzt werden. Dadurch können weniger hoffnungsvolle Talente

---

[24] Vgl. Klinger (2012).

unterstützt werden, die in den kommenden Jahren Erfolge für ihr Land verbuchen könnten.

Ein weiterer Aspekt, der sich in Zeiten der Krise für die Spitzensportler und somit auch für die Sportbranche geändert hat, ist die Regelung der Steuern und Abgaben. Mussten Spitzensportler wie Lionel Messi oder Christiano Ronaldo vor drei Jahren noch ihre Einkünfte nur mit einem Steuersatz von 24% versteuern, beträgt dieser nun bis zu 43%. Der Wettbewerbsvorteil gegenüber anderen Ländern ist für die Vereine weggebrochen, wodurch auch die zuvor erzielten Erfolge weniger wurden.[25]

In einem Land wie Spanien, das die Zeitung „Die Zeit" als „Könige der Welt im Mannschaftssport"[26] bezeichnete, ist das Ausbleiben der Erfolge ein Problem. Die Mentalität der Spanier ist zwar nicht messbar, dennoch ist sie existenziell. In Zeiten der Krise war der Erfolg im Sport eine dankbare Ablenkung zur wirtschaftlichen Situation des Landes. Gerne unterstützten die Leute ihre Mannschaften, gaben dafür Geld aus. Bleibt der Erfolg aus, fehlen den Vereinen Einnahmen. Die Sportbranche leidet unter der veränderten Mentalität.

Der wichtigste Aspekt ist das Image des Wirtschaftsstandortes. Je besser das Image ist, desto höher ist das Interesse von potentiellen Sponsoren, um Vereine zu unterstützen. Sponsorengelder, die durch die aktuelle Krise von Unternehmen deutlich heruntergefahren werden, haben dann eine existenzielle Bedrohung für die Vereine der Branche. Bestes Beispiel hierfür ist der Handballverein Athletico Madrid. War dieser noch vor einigen Jahren der beste Klub Europas, musste diese Abteilung des Vereins Insolvenz anmelden. Heute existiert dieser Verein nicht mehr.

Nicht nur für die Sportvereine sondern auch für die Sporttextilindustrie ist die aktuelle wirtschaftliche Situation negativ. Da wie im Vorlauf beschrieben, der Konsum durch die Finanzkrise eingebrochen ist, erhöhte sich die Arbeitslosigkeit auf 25% im Jahr 2011. Davon ist auch diese Branche betroffen.

Ein klassischer geographischer Standortvorteil Spanien im Gegensatz zu nördlicher gelegenen Ländern ist das warme Klima. In Spanien muss nicht viel Geld in teure Hallen investiert werden, um Sport zu treiben. Eine Vielzahl der sportlichen Aktivitäten findet an der Luft statt.

---

[25] Vgl. Oediger (2010).

[26] Bardow (2013).

6 Fazit

Obwohl in den vergangenen Jahren, in denen eine Vielzahl von Menschen die Wirtschafts- und Finanzkrise hautnah zu spüren bekommen haben, Spanien hohe Arbeitslosenzahlen und Einbrüche im Immobiliensektor zu verkraftet hatte, geht der Trend langsam wieder aufwärts. Spanien hat in den letzten Monaten große Anstrengungen unternommen, um Staatsausgaben zu kürzen und den Arbeitsmarkt zu reformieren.

Darunter musste wie oben beschrieben auch die Sportbranche leiden. Man kann sagen, dass Spanien zum Beispiel durch das Klima einen Standortvorteil gegenüber anderen Ländern aufzuweisen hat, die wirtschaftliche Lage des Landes beeinflusst die Sportbranche aber auf erhebliche Art und Weise, sodass die Attraktivität des Standortes leidet.

Dennoch wird das Land von den Reformen profitieren. Die Maßnahmen in ihrer Gesamtheit tragen wieder beachtlich und nicht nur im Tourismussektor zur Attraktivität des Standortes bei, wovon auch die Sportbranche profitieren wird.

7 Literaturverzeichnis

BALDERJAHN, Ingo: Standortmarketing. *Stuttgart: Lucius & Lucius, 2000.*

BARDOW, Dominik: Die Zeit. 2013. Internetquelle heruntergeladen von: http://www.zeit.de/sport/2013-01/spanien-handball-sportnation-krise am 03.10.2013.

BATHELT, Harald und Johannes GLÜCKLER: Wirtschaftsgeographie. *3. Auflage Stuttgart: Eugen Ulmer, 2012.*

BREMS, Matthias: Exportberatung. *2013. Internetquelle heruntergeladen von:* <*http://www.exportberatung.de/fileadmin/fba-daten/standortfaktoren.jpg*> *am: 26. September 2013.*

HAAS, Hand-Dieter und Simon-Martin NEUMAIR: Internationale Wirtschaft. *München: Oldenburg, 2006.*

HAAS, Hans-Dieter und Simon-Martin NEUMAIR: Wirtschaftsgeographie. *Darmstadt: WBG, 2007.*

HUMAN-DEVELOPMENT-REPORT-OFFICE: International Human Development Indicators. *2013. Internetquelle heruntergeladen von:* <*http://hdrstats.undp.org/en/indicators/103106.html*> *am: 27. September 2013.*

JUAN, David: Latin America Hoy - Perspectivas macroeconómicas a mayo de 2013. *2013. Internetquelle heruntergeladen von:* <*http://latinamericahoy.es/2013/05/19/america-latina-perspectivas-economicas-2013/*> *am: 27. September 2013.*

KLINGER, Andreas: Focus. 2012. Internetquelle heruntergeladen von: http://www.focus.de/finanzen/news/staatsverschuldung/tid-26641/das-naechste-opfer-der-euro-krise-zehn-gruende-fuer-den-niedergang-spaniens_aid_786172.html am 03.10.2013

KULKE, Elmar: Wirtschaftsgeographie. *3. Auflage Paderborn München Wien Zürich: Schöningh, 2007.*

LIEFNER, Ingo und Ludwig SCHÄTZL: Theorien der Wirtschaftsgeographie. *10. Auflage Paderborn: Schöningh, 2012.*

OEDINGER, Florian: SpiegelOnline. 2010. Internetquelle heruntergeladen von http://www.spiegel.de/sport/fussball/ende-der-steueroasen-warum-ronaldo-und-co-kuenftig-weniger-verdienen-a-675685.html am 03.10.2013.

Lightning Source UK Ltd.
Milton Keynes UK
UKRC020026300819
348861UK00006B/40

* 9 7 8 3 6 5 6 6 4 7 8 2 9 *